Max August Stork

Über französisches R im Auslaut nach den

Grammatikerzeugnissen des 16. Jahrhunderts

Max August Stork

Über französisches R im Auslaut nach den Grammatikerzeugnissen des 16. Jahrhunderts

ISBN/EAN: 9783337320171

Hergestellt in Europa, USA, Kanada, Australien, Japan

Cover: Foto ©Thomas Meinert / pixelio.de

Weitere Bücher finden Sie auf **www.hansebooks.com**

Über französisches **r** im Auslaute

nach den Grammatikerzeugnissen des 16. Jahrhunderts.

Inaugural-Dissertation

zur

Erlangung der Philosophischen Doctorwürde

vorgelegt der

Hohen Philosophischen Fakultät der Universität Heidelberg

von

Max August Stork

aus Waldkirch.

Karlsruhe.
Buchdruckerei J. J. Reiff.
1891.

Ueber französisches r im Auslaute nach den Grammatikerzeugnissen des 16. Jahrhunderts.

———

ᗩas 16. Jahrhundert ist für die französische Sprach-geschichte von grosser Bedeutung. Eine Reihe der be-merkenswertesten Entwicklungen, der Sprache, welche die alte Zeit scharf von der neuen trennen, ist teils vor Be-ginn des Jahrhunderts während des 14. und 15. Jahrhun-derts zum Abschluss gekommen, wie z. B. der Schwund unbetonter Vokale vor Tonvokal, teils am Anfange des 16. Jahrhunderts im Werden begriffen. So hat das Be-streben der französischen Sprache offene Silben zu schaffen, d. h. Konsonant vor Konsonant aufzulösen, nun auch die letzte der Liquiden, r, ergriffen. Diese Erscheinung interessiert uns hier vor allem.

Zum erstenmal werden im 16. Jahrhundert genauere grammatikalische Aufzeichnungen auch von Franzosen gemacht. Wir sind daher in der glücklichen Lage, direkte wie indirekte Aufschlüsse über obigen Vorgang durch die Grammatiker zu erhalten. Diese einer Be-urteilung vom Standpunkte der heutigen Sprachwissen-schaft zu unterwerfen, sei Gegenstand der Arbeit. Da die Grammatiker von den verschiedenartigsten Inten-tionen geleitet sind, sich oft widersprechen und über-haupt ein sehr buntes Bild von dem damaligen Sprach-stande geben, wird es nicht unangebracht sein, wenn wir zunächst in grossen Umrissen einen Ueberblick über die Quellen zu gewinnen suchen.

Bei den Grammatikern des 16. Jahrhunderts können wir drei Gruppen unterscheiden. Vor allem ist als für jene Zeit merkwürdig die phonetische Richtung zu nennen (Meigret 1542, Péletier 1549, Ramus 1562, Baïl 1574), die durch eine allgemein verdorbene Orthographie ins Leben gerufen, die bestimmte Forderung der Uebereinstimmung von Laut und Zeichen aufstellt. In der Mitte stehen diejenigen, welche nicht jähe mit dem Ueberkommenen brechen wollen; sie wünschen dasselbe nur zu reinigen von den ärgsten Auswüchsen, die mit der Zeit entstanden sind. Hierher gehören wohl die meisten der Grammatiker, die dann eine mehr oder minder kräftige Reform anstreben. Die dritte Richtung wird lediglich durch die erste hervorgerufen, indem sie, das Extrem dieser bekämpfend, in das andere Extrem verfällt. Sie verwirft auch die kleinste Neuerung und hält unentwegt fest am Alten, das sie jeder Reform gegenüber als das beste anerkennt. (Guillaume des Autels.) Mit der kirchlichen Reformation, mit der man die sprachlichen Reformbewegungen in Beziehung bringen wollte, haben diese direkt nichts zu thun. (H. Liv. 2.) Allerdings finden sich unter den Grammatikern viele Männer, welche, durch die Reformation aus Frankreich vertrieben, sich nun im Auslande, wie es nahe lag, durch Unterricht in ihrer Sprache den Lebensunterhalt zu verdienen suchten, was sie unter andern Umständen vielleicht nicht gethan haben würden. So wurden sie dann zur Beschäftigung mit ihrer Sprache hingeleitet und verfassten Lehrbücher für ihre Schüler. Sonst lag jener leidenschaftlich erregten Zeit nichts ferner als das Grammatikschreiben, das auch nicht als wissenschaftliche Arbeit angesehen wurde.[1])

---

[1]) Honorat Rambaud, La declaration des abus que l'on commet . . . Lyon 1578 S. 58 Car les hommes sçauans ne se veulent pas tant abbaisser de corriger l'alphabet, veu qu'est ou semble estre chose

Henri Estienne, der die Précellence du langage
françois und den traité de la conformité du langage
françois avec le grec, die deux dialogues du nouveau
langage françois italianizé schrieb, war wie Lanoue (1596)
entschiedener Protestant. Man kann sagen, die Reformation hat die sprachliche Reform indirekt gefördert,
aber nicht den ersten Anstoss zu derselben gegeben.
Für die Franzosen selbst wurden die institutiones,
so nannte man die Grammatiken, zunächst nicht. ge-
schrieben. Der Zweck, den man zuerst damit verband,
war, dem Ausländer durch Hilfsbücher die Erlernung
der französischen Sprache zu erleichtern. So schrieben
Palsgrave 1530, Bercley 1521, Dewes 1532, Saint-Liens
1580 (der sein Werk der Elisabeth von England widmete),
Delamothe 1592 für Engländer, Ph. Garnier 1558, Duvivier 1566, Cauchie 1570 für Deutsche, Nicot 1584 widmet
seinen Dictionnaire françois-latin dem Pfalzgrafen am Rhein
Georg Johann, Dubois gen. Sylvius 1531 der Eleonore
d'Autriche, Königin von Frankreich, Peter Ramus 1562
der Katharina von Medici. Merkwürdigerweise finden
sich noch keine Grammatiken für die Provenzalen, die
erst das 17. Jahrhundert hervorzubringen bestimmt ist.

---

minime . . . Vergl. Pilot, der die Grammatik eine ars tam exigua et
elementaria nennt. So entschuldigt sich auch der französ. Reformator
Beza wegen seines Schriftchens: De Francicae linguae recta pronuntiatione Genf 1584, das eine Frucht des Unterrichtes war, den er dem
deutschen Baron von Zerotin gegeben: Quod si quis erit qui scriptiun-
culam istam ut neque professione neque personae meae convenientem
reprehendat, illum cogitare velim, aliud esse animi gratia non nihil
exspatiari quam extra viam aberrare . . . cf. Thur. 1, XL. Auch die
humanistischen Bestrebungen jener Zeit führten darauf hin, dass man
der eigenen Sprache mehr Beachtung schenkte. Robert Estienne, ein
eifriger Protestant, wurde durch seine französ.-latein. Wörterbücher
zum Studium der eigenen Sprache angeregt. Dem unglücklichen
Etienne Dolet verdanken wir ein kleines aber sehr anregendes Schriftchen: les accents de la langue francayse. 1540.

Honorat Rambaud's Schrift: La declaration des abus
que lon commet en escriuant, Lyon 1578 strebte nur
eine Vereinfachung der Schrift an. Mellema schrieb
seinen Dictionnaire ou Promptuaire fr.-flameng für die
Flamländer.

Einen weiteren praktischen Zweck verfolgte man,
indem man für die französische Jugend Unterrichtsbücher
schrieb. Man wandte das Interesse nun schon dem
eigenen Volke zu. So entstand Plantin's la I et la II
partie des dialogues françoes pour les ieunes enfants,
1567, 1585 Le Gaygnard's Promptuaire d'unisons, pour
aprendre les ievnes enfans et les estrangers. Ein be-
deutendes Ereignis war es, als der Lehrer der Schwester
Heinrichs VIII., der Engländer Palsgrave, seinen Eclaircissement erscheinen liess, eine Grammatik, die nicht nur
für den Lernenden, sondern auch für den Lehrenden bestimmt war. Palsgrave stützte sich auf Barcley (Introductorie to write and pronounce the french, London 1521)
und auf den Franzosen Dewes (An Introductorie for to
lerne, to rede, to pronounce and to speake frenche, trewly,
1532), den Erzieher Heinrichs VIII.

Peter Fabri's le second liure de vraye rethorique
a toutes gens qui desirent a bien elegantement parler et
escripre, Rouen 1521 (neue Ausgabe 1889) ist ein Hand-
buch für Reimkünstler, für solche, „die chants royaulx,
rondeaulx, virelays machen lernen wollten". Erasmus be-
rührt in de recta latini graecique sermonis pronuntiatione
1528 manche Punkte der französischen Aussprache. Einige
Aufschlüsse über grammatik. Fragen geben der Jeu des
echecs und Meister Geoffroy Tory's Champfleury 1529.
Wie dringend das Bedürfnis nach einer für Franzosen ge-
schriebenen Grammatik geworden war, zeigen Tory's
Worte: O devotz amateurs de bonnes lettres pleust à
Dieu que quelque noble cueur s'employast à mettre et
ordonner par reigle nostre langaige françois!

Unter den nun wirklich kommenden Grammatikern müssen hauptsächlich die Phonetiker, Meigret an ihrer Spitze, unsere Aufmerksamkeit erregen. Dass Laut und Buchstabe sich möglichst decken sollten, war eine für jene Zeit gewiss aussergewöhnliche Forderung. Und es zeugt jedenfalls für die Bedeutung Meigret's, wenn man über ihn nicht als einen Phantasten hinwegging. Meigret's Pläne regten bedeutende Köpfe jener Zeit an. Es entstanden Kontroversen, und noch nach mehr als einem Jahrhundert beschäftigte die Frage phonetischer Schreibung, welche dann für lange Zeit ruhte, diejenigen, denen ihre Sprache am Herzen lag.[1]

Allerdings war das Bedürfnis einer Orthographiereform ein dringendes geworden, und dasselbe hat man auch damals lebhaft empfunden. Meigret's Ideal ist, dass die Schrift la vray' image de la parolle sei. Er nimmt keine Rücksichten auf die sophistischen Gesetze der Ableitungen und Differenzierungen (5, 14). Die Schrift soll von allen überflüssigen Buchstaben entladen und der Aussprache gemäss lesbar gemacht werden (5, 13—18)[2]

---

[1] Noch im Jahre 1664 wird Meigret erwähnt von Chiflet (Essay d'une parfaite Grammaire de la langue Française S. 166), wenn dieser auch sein entschiedener Gegner ist.

[2] cf. Sammlg. franz. Neudr. 7, XIX, J. Peletier, Dial. de l'Ortogr. e. l'ron. Franç. 1550: (ecriture) laquele de fet, ét si corrompue e represante si peu se qu'ele doèt represanter, qu'on la peùt resonnablement comparer a une robe de plusieurs pieces mal raportees, eyant l'une manche longue e large, l'autre courte e etroete . . . (XX).

Meigret 4, 13 (in der gl. Sammlg.). Or et il q'ao jourdhuy le' Françoes ont tant etranjé l'ecrittur' en une gran'partſe de vocables, de l'usaje de parler: tant par une superfluité de lettres, qe par la confuzion de leur puyssance . . .

H. Rambaud, La declaration . . . S. 24 l'alphabet est si gasté, depraué, et corrompu, qu'il se faut plus esmerueiller de dix qui sçauent lire et escrire que de dix mille qui demeurent ignorans.

Hauptsächlich will er jene ›toten‹ Buchstaben ent-
fernen, die im 15. Jahrhundert unter dem Einfluss des
Latein in die Schrift gedrungen waren. Die Schreib-
tradition hatte schon viele verstummte Buchstaben, die
im Altfranzösischen gesprochen worden waren, mit
herübergebracht. Vielfach erinnerten diese an das latei-
nische Etymon, und nun war man bestrebt in einer
Zeit, wo der Klassicismus wieder aufblühte, die eigene
Sprache in der Schrift noch mehr dem Latein nahe zu
bringen (pur bele escripture Orthogr. gall. 9)[1]). Es entstanden jene Etymologiques Latiniseurs, wie sie Peter
Ramus nennt, die nicht immer mit Glück arbeiteten.
Und so kam es, dass ein Grammatiker jener Zeit sagen
konnte, man könne die französische Sprache in Ansehen
ihrer Orthographie wohl für oberdeutsch halten.[2]) Es

---

[1]) Jadis l'orthographe françoise estoit bien plus copieuse en
letres escrites et non leües qu'elle n'est à present; car nos ancestres
y inseroient plusieurs letres qui ne servoient qu'à monstrer l'etymo-
logie ou racine des mots, desquelles beaucoup ont esté retranchees
par les modernes; et s'il en reste encor quelques unes, elles sont
assez notees par les regles precedentes. (Ch. Maupas Gr. 75.)

[2]) Livet 172. V. J. Peletier, Dial. S. 203: E si vous les pro-
ferièz comme vons les ecriuèz, il sambleroèt quelque haut Allemant;
auch J. Peletier (du Mans) beklagt sich über die Orthographie seiner
Zeit: laquele (ecriture) de fet et si corrompue, et represante si peu
ce qu'elle doet represanter, qu'on la peut resonnablement comparer
a une robe, de plusieurs pieces mal rapportees, ayant l'une manche
longue et large, l'autre courte e etroette: e les cartiers çan deuant
derriere, laquele un pere balhe a son enfant, autrement de belle
talhe e bien proportionnè de tous ses mambres, ou par nonchaloer,
ou par cchihete, ou par contannemant, ou an somme par poürete.
Certeinemant il j à fort long tans, e a peine me souuient il auoèr ù
le jugemant si jeune: que je n'ee ù bien grand honte, voere depit,
de voèr une tele langue comme la Françoese être vetue, mes plus
tót masquee d'un habit si difforme. (Dial. 2/3). —
    Je vien meintenant au second point que j'auœe antrepris a
soudre, qui ét l'Etimologie, de laquele le signeur Debez fèt si grand
conte: E certes je ne la desestime pas: e ne veulh point dire qu'elle

ist begreiflich, dass manche dieser etymologischen Buchstaben auch in die Aussprache drangen; der Lateinunterricht hat hierzu mitgeholfen. Daher jene Verwirrung, die unter den Grammatikern herrscht, wenn sie Ausspracheregeln aufstellen. Das Volk aber, das nicht so unter dem Einfluss des Lateins und der Schrift stand, hat die lautgesetzlich entwickelte Sprache bewahrt.

Übrigens werden die etymologischen Buchstaben oft nicht ungeschickt von den Grammatikern verteidigt. Jacques Peletier 1555, merkwürdigerweise ein Schüler Meigret's, meint, eine phonetische Schrift würde dem nicht daran Gewöhnten viel fremdartiger erscheinen als die alte Schrift, so überladen diese auch aussehen mag. Auch wolle die Schrift kein getreues Bild der Laute sein, sie sei nur ein ›Schatten‹ derselben. Ganz befangen aber in den Ansichten der in vielen Dingen noch sehr engherzigen Zeit zeigt er sich, wenn er glaubt, dass die Schrift etwas ›geputztes und fein ausgearbeitetes‹ sein müsse im Gegensatz zu der Aussprache, die jedem Verderbnis ausgesetzt sei. Sodann müsse sich die Schrift der Gelehrten vor der der gewöhnlichen Menschen auszeichnen.[1]) Die Erziehung und das gesunde Urteil

---

ne serue beaucoup a l'intellig'ance des moz: Més voyons si elle ne se doèt pas plus tót e de plus pres considerer sus le parler que sus l'Ecritture: e si ce ne sont pas deus choses apart que l'Etimologie et l'Ortografe. (Dial. 139.)

.... teste contract, aduenir, haulteur, dampner, recepuoir .. dittes moe quel tort je ferè a l'Etimologie an les ecriuant sans s, c, d, l, pm, nomplus qu'an les prononçant? (Dial. 140.)

¹) Livet 148. Dagegen trat Ramus energisch für die Rechte des Volkes inbezug auf die Sprache ein, Liv. 179 ff.: Le peuple est souverain seigneur de sa langue, et la tient comme un de francaleu, et n'en doit recognoissance a aulcun seigneur. Lescolle de ceste doctrine nest point es auditoires des professeurs hebreux, grecs et latins en l'Université de Paris: elle èst au Louvre, au Palais, aux Halles, en Greve, a la place Maubert ...

würden jeden schon auf den richtigen Weg leiten. ›Wenn zwei ein Wort verschieden schreiben und sie haben ihre Gründe hierzu, nun so fehlen sie alle beide nicht.‹ Dass ein solches Raisonnement, das wohl das der meisten Gelehrten jener Zeit war, zu unerquicklichen Zuständen in der Orthographie führen musste, lag auf der Hand, und eine verderbte und schwankende Rechtschreibung hatte dann auch wieder ihre Rückwirkung auf die Aussprache. Welchen Einfluss das Schriftbild auf die Aussprache ausübt, kann jeder an sich selbst erproben. Meigret machte sich nun zur Aufgabe, die Schrift nach der Aussprache zu reformieren. Er fasste die Sache mit ganzem Herzen auf und wollte vor allem dem Volke zu Hilfe kommen, das vor der Gelehrtenschrift ratlos dastand. Wenn sein Unternehmen nicht den Erfolg hatte, wie ihn Meigret gewünscht, so lag dies daran, dass die Männer, die ihm in seinen Bestrebungen nachfolgten, sich seinem Systeme nicht unterordnen wollten. Baïf und Ramus bildeten wieder neue Schriftzeichen und befolgten zum Teil ganz andere Prinzipien. Auch war Meigret's Änderung eine zu radikale, als dass das Publikum sich rasch hätte an dieselbe gewöhnen können. Seine höchst schwierig im Druck auszuführende Schrift stiess auf den Widerstand der Drucker. [1])

Es war wahrscheinlich im Jahr 1530, als Meigret sich zuerst mit dem Gedanken einer Reform befasste (cf. Förster XXVII.). Ein Jahr nachher erschien J. Dubois' (gen. Sylvius) Isagoge in linguam gallicam. Diese

---

[1]) cf. Förster (Sammlg. fr. Neudr. 7, XXVIII.): Und trotzdem ihm mit Hohn und Spott gelohnt worden, ist sein Ringen und Streben doch nicht umsonst gewesen. Denn das wenige, was überhaupt die heutige französische Orthographie vor der schwer lesbaren und ›korrupten‹, um mich Meigret's Ausdruck zu bedienen, wie sie im Anfang des 16. Jahrhunderts allgemein gebräuchlich war, unterscheidet, verdankt sie alles, obendrein noch samt den Apostrophen, Accenten und der Cedille, unserm Meigret.

Grammatik trug einen andern Charakter, ihrem Zweck
entsprechend, der ein anderer war als der Meigret's.
Dieser schrieb für Franzosen, Dubois für Ausländer.
Die meisten Neuerungen daher, die Dubois einführte,
zielten auf eine Erleichterung im Erlernen der Aussprache
des Französischen ab. Gegen die Orthographie seiner
Zeit anzukämpfen machte Dubois nur schwache Versuche,
er vermehrt im Gegenteil die Schrift noch mit etymologischen Buchstaben, (so schreibt er z. B. ligons [legimus]).
Auf Sylvius beruft sich Dolet in seiner maniere de
bien traduire . . . Epistre S. 6. Dieses Schriftchen,
sowie »les accents de la langue francoyse« sind von
untergeordneter Bedeutung. Offenbar hat sich Dolet
nur nebenbei mit diesen Fragen beschäftigt. Aber auch
er war der festen Überzeugung, dass die Schrift einer
Reform bedürfe. [1]) Beseelt von grosser Vaterlandsliebe,
verwarf er jede Beeinflussung seiner Sprache durch
Latein und Griechisch. J. Garnier begrüsste in seiner
institutio mit Freuden die Reformbestrebungen seiner
Zeit.[2]) Das damals schon bei den Franzosen ungemein
gesteigerte Nationalbewusstsein [3]) machte sich als ein
neuer Faktor in der Förderung jener Sprachbewegung

---

[1]) Epistre S. 7 (ce mien labeur) . . . et s'il ne reforme totalle-
ment nostre langue, pour le moins pense que c'est commencement
qui pourra paruenir à fin telle, que les estrangiers ne nous appelleront
plus Barbares.

[2]) J. Garnerius, instit. S. 2 ff. Siquidem plerique omnes meritò
conqueruntur, et abeius lectione abhorret, quòd aliter scribamus, aliter
verò pronuntiemus. Quod cum animaduertissent moderni, lingua nostra
repurgare cupientes, illas omnes ferè literas quiescentes prudenter ex-
punxerunt. Adeò ut iam scriptura per omnia ferè ipsi pronuntiationi
coueniat, hoc est, ut ita scribamus, quemadmodum loquimur. Quod
magnum emolumentum, magnámque lucem huic nostrae Gallicae
linguae attulit.

[3]) Die Franzosen sind le peuple le plus triomphant du monde
(La maniere de bien traduire . . . Lyon 1540).

geltend. Den Werken Robert Etiennes und noch mehr denen Henri's lag ein patriotischer Gedanke zu Grund. Letzterer glaubte als »guter Bürger« zu handeln,[2]) wenn er durch Grammatiken die Kenntnis der französischen Sprache im Ausland verbreitete. Seine deux dialogues du nouveau langage françois italianizé sind eine Streit- und Spottschrift gegen die Italianismen, die unter Maria von Medici am Hofe, dem ehemaligen Sitze der guten Aussprache,[1]) sich eingebürgert hatten und von hier aus die Sprache des ganzen Volkes zu entstellen drohten.

Während man sich so wehrte gegen das Eindringen einer zeitgenössischen Sprache, wäre man auf der anderen Seite glücklich gewesen, womöglich den ganzen französischen Sprachschatz aus dem Griechischen herleiten zu können. Budaeus (1467—1540), Rabelais und andere hatten den wiedererwachten Hellenismus mächtig gefördert. Und wie man früher das Latein zur Erklärung französischer Wörter herbeizog, leitete man jetzt das Französische direkt vom Griechischen ab.

Zu wie wunderlichen Erklärungen diese Sucht nach griechischen Etymologien führte, zeigt am besten Perion.[3])

---

[1]) Hypomneses, Préf.

[2]) Zum erstenmal wies Guillaume des Autels darauf hin, dass der Hof die gute Aussprache nicht mehr besitze, in seinem traité touchant l'ancien orthographe françois 1548. H. Estienne nennt in seinen deux dialogues . . den Hof la petite Italie; und gegen die Höflinge richtet er hauptsächlich seinen Angriff, deren mächtigen Einfluss auf die Sprache er keineswegs verkennt. cf. S. 22.

> Or vous savez combien d'autorité
> Donne ce lieu à ceste nouveauté
> Car chacun croit que le meilleur langage
> Ce soit celuy qui est là en usage.

[3]) Joachimi Perionii dial. de ling. Gallicae origine, eiusque cum Graeca cognatione, libri quatuor. Paris 1855. Ueberall witterte man Griechisch: S. 19 a Obseruaui enim ego in sermone S c o t o r u m, multa Graeca verba, cum Lutetiae nonnullos

Man glaubte allen Ernstes daran, die gallischen
Könige seien aus Griechenland gekommen und hätten
den Ihrigen griechisch sprechen gelehrt. Die Sprache
sei dann durch den Verkehr mit den Römern, sowie
durch den Einfall barbarischer Völker derart entstellt
worden, dass sie nicht durch einen, sondern durch viele
entstanden zu sein scheint. Selbst der grosse Budaeus
konnte sich dem Wahne nicht entziehen, dass das Französische seinen Ursprung in Griechenland genommen habe.
Durch all das wurde man natürlich immer mehr
auf die eigene Sprache aufmerksam. Man lernte sie
hochschätzen, weil sie als Fortsetzung des Lateins und
Griechischen angesehen wurde. In ganz Europa hatte
sie sich schon eingebürgert.[1] Die Grammatiker schrieben ihre Lehrbücher, so dass sie dem Ausländer wie den
eigenen Landsleuten nützlich sein konnten. Die Dialekte
waren in jener Zeit fast ganz schon in den Hinter-
grund getreten, die Hegemonie von Paris auf sprach-
lichem Gebiete war eine allgemein anerkannte. Zwar
müssen die Grammatiker noch vor mancher dialektischen
Form warnen, und zweien von ihnen wird selbst vor-
geworfen, dass sie ihren Heimatsdialekt noch nicht ab-
gestreift hätten.[2] Doch zeigt dies eben, dass die Pariser Aussprache, wie man sie in der 1. Hälfte des

---

loquentes audirem. Das griechische κἄν setzt er gleich quand (S.
148), er schreibt daher vor, man solle can schreiben, das nd sei entstanden, quod a quando Latino vocabulo ortam esse arbitrentur.
epuis =· ἔπειτα; car =· γας; ἴνα = afin; πέμπειν = envoyer.

[1] Pilot, Gall. ling. instit. Paris 1561 S. 4. . . . . . qula pau-
cissimi nostro saeculo reperiuntur homines cuiusvis ordinis et eru-
ditionis, in tota etiam ferme Europa non modo in Germania, qui suos
liberos gallicè scire non velint. Vergl. Liv. 337.

[2] Livet 139 Je te prie Meigret, n'épousons point si affectueuse-
ment la prolation de nos pays (Péletier) und R Estienne: . . . M.
Jaques Sylvius, pourtant que souuent il a meslé des mots de Picar-
die, dont il estoit (Thurot. 1, XXIX.)

Jahrhunderts am Hofe (Franz I, der père des lettres), in den Gerichtssälen, auf der Kanzel zu hören bekam, die allein gültige geworden war.[1]) Beachtenswert ist, wie so mancher Sprachgebrauch der untern Schichten von Paris, vor dem die Grammatiker energisch warnen, sich dann doch fast immer wenn auch Jahrhunderte später in der besseren Gesellschaft einzubürgern pflegte.[2]) Dass diese Angaben einer fehlerhaften Aussprache für die

---

[1]) Eine interessante Aufzählung der Grammatiker seiner Zeit giebt uns Ramus (Gram. 1587 S. 9.)

La grammaire gaulloyse . . nagueres reuoquee des enfers par le grand Roy Francoys, traictee en diuerses facons par plusieurs autheurs. Jacque Syluius tacha de reformer labus de nostre escripture et faire quelle conuint a la parolle. (10) Geoffroy Tory, maistre du pot casse. ., Dolet; mais la conduicte de ceste oeuure plus haulte et plus magnifique et de plus riche et diuerse estoffe est propre a Loys Megret, combien quil nayt point persuade entierement a ung chascun ce quil pretendoit touchant l'orthographe. Jacques Pelletier a debatu subtilement ce point dorthographe en ensuiuant, non pas les characteres, mais le conseil de Syluius et de Megret. Guillaume des Autels la fort combastu, pour deffendre et maintenir lescripture vulgaire. Le plus recens ont euite toute controuerse, et unt faict quelque formede doctrine chascun a sa fantaisie. Jean Pilot, Jean Garnier, Anthoine Caucie en Latin, Robert Estienne en Latin et en Francoys (11), Joachim du Pellay, le vray Catulle des Franzoys a mis en lumiere une illustration de la lanque Francoyse. Depuis Henry Estienne a escript la conformite du langaige Francoys auec le Grec, et ne doubte point (sil sadonne a ceste etude) quil ne nous donne ung aussi riche tresor de la langue Gregque. Nagueres J. A. de Baif a doctement et vertueusement entreprins le point de la droicte escripture, et la fort esbranle par ses uiues et pregnantes persuasions, Par ainsi nous voyons que depuis quarante ans en ca, ce proces pour vrayement escripre a este sur le bureau; et que maintenant de reprendre ces miennes arres anciennes cest reueiller tous nobles esprits addonner aulx lettres . . .

[2]) Beza, de fr. ling. recta pron. S. 54 Corruptissime vero Parisiensium vulgus Dores πλατειά ζοντας imitati, pro voirre sive ut alii scribunt verre (vitrum), foirre (palea farracea) scribunt et pronuntiant voarre et foarre, it idemque pro trois (tres), troas et tras.

Sprachgeschichte von grossem Werte werden, ist begreiflich. So war nach H. Estienne (Th. 2, 150) die
Aussprache: il faut parlé bas, wie das Volk sagte, eine
unstatthafte. Idem vulgus ... dicit plaisi, mestié, papié,
resueu, pro plaisier ... eodemque in infinitivis peccat
modo, quum verbum in r desinens a consonante exci-
pitur : ut il faut parle bas .... Und hier sind wir beim
Gegenstand der Untersuchung angelangt.

Seit dem 6. Jahrhundert tritt in Nordfrankreich die
Tendenz zu Tage, die Silben offen werden zu lassen,
sich der silbeschliessenden Konsonanten, wenn diese vor
einen Konsonanten treten, zu entledigen. Das findet im
einzelnen Worte wie im Satzzusammenhang statt. Hier
aber verlangsamt die antevokalische Stellung das Ver-
fahren bedeutend. Am längsten leisten die Liquiden
Widerstand vermöge ihrer halbvokalischen Natur. Am
Ende des 13. Jahrhunderts stellt die Orthographia
gallica noch folgende Regel auf: (Orth. g. 17). Wenn
im Satzzusammenhang einem mit einem Konsonanten
endigenden Worte ein mit Konsonant beginnendes Wort
folgt, so wird der erste Konsonant nicht gesprochen
mit Ausnahme von m, n, r que pronunciando non de-
bent pretermitti verbi gratia pur Dieu, sire Williaume
(m, n, r haben T und H, die jüngere Hs. Co. l, m, n,
r, nach dieser Hs. werden noch sämtliche liquiden im
Satzzusammenhang antekonsonantisch ausgesprochen).

Die ursprünglichen Verhältnisse, die Aussprache
aller Konsonanten am Silbenschluss, haben sich nur
noch in der Pausastellung bewahrt, wo sie aber von
keiner festen Regel aller Handschriften gestüzt werden.
(H. 79 S. 18 possunt proferri), so dass auch hier die
Stellung im Satzinnern wohl schon von Einfluss gewesen
ist. Wie lange haben sich nun die liquiden antekonsonantisch in der Aussprache gehalten? Erschöpfen wir
zunächst die Angaben der Grammatikertraktate, so weist

Coyfurellys tractatus orthographie gallicane aus der 2.
Hälfte des 14. Jahrhunderts (Zs. f. nf. Spr. u. Lit. I, 18)
einen Fortschritt in der sprachlichen Entwicklung auf:
R autem in fine diccionis indifferenter potest sonari
quasi z vel r, ut j'en ay grand mal au cuer, j'en ay bon
quer. Set dulcior est sonus quasi z in lingua
gallica quam quasi r. Tamen hec regula non tenet
in omnibus ut in his diccionibus quar, querir, ferir et
ferrer, in quibus et proprie debet sonari et sic de similibus. Hier hören wir zum ersten Male von einem Übergang von r > z, resp. von einer unbestimmten, zwischen
r und z schwankenden Aussprache des auslautenden r,
die obigen Beispielen gemäss nach dem offenen öLaute
eingetreten ist. Das enklitisch gebrauchte quar, die Infinitive auf -er und -ir sind ausgenommen. An Coyfurelly schliesst sich J. Bartons Donait francois aus
dem Anfange des 15. Jahrhunderts an. Dieser hält
noch die Vorschriften über auslautend m, n, r in antekonsonantischer Stellung aufrecht.

In den altfranzösichen Denkmälern ist durchweg
Erhaltung des auslautenden Infinitiv r zu beobachten.
Nur vor Zischlauten verstummt es sehr häufig. Es hat
hier eine Art Assimilation des r an den folgenden Zischlaut, meistens s, stattgefunden. Dieselbe findet sich
schon frühe, so in der Karlsreise, wo es allerdings keine
Infinitivfälle sind: 645 pa (r) si ..., 407 ka (r) io ...

Beim zweiten Kopisten des Raoul de Cambrai endigen
in einer —ors Tirade vier auf os; derselbe hat Formen
wie iers = ies; sierge = siege, wo r als verstummter
Buchstabe vor Zischlaut eingefügt wurde, bei Beaumanoir
finden wir Reime wie rivage: barge Man. 8372; escoche:
esforce Man. 2633, 2927, 3347 etc.; rois: voirs 7115;
pieche: tierce I B l 5589, 5681. Aus dem Osten sind
folgende Reime zu belegen presse: auerse; escuiiers:

iries; boz: forz (Knauer S. 42). Sodann kommen solche
Reime bei Wace vor: (Rom. Forschg II) S. 617 presse:
perverse; heritage: large; esfors: Escos; bors: trestos;
larges: sages; presse: traverse; Escoce: force. Im Roman
du Mont St. Michel (R. Forsch. II, 618): plusors: vos;
forez: deserz sages: largez: melage: large; im livre des
Miracles de Notre Dame de Chartres, (Napp, spr.
Eigentüml. Bonn. Diss. 86) arse: chasse. `Verschiedene
Fälle dieses Schwundes von r finden sich vor t: porte:
mote, tertre: senestre; abatent: departent (Rom. forsch
2, 617) Napp: Chartres: emplatres; Knauer S. 42:
mourdre effoudre; Lanselot: Bielliennort; Man. 2847
mestre: perte.

Es sind dies Assimilationen, die r auch noch vor
andern Konsonanten z. B. l erleidet. Charles > Challes,
parler > paller, varlet > vallet Th. 2, 289. Wir haben
es hier nicht mit ungenauen Reimen, sondern mit einem
namentlich vor s fast regelmässig eingetretenen Schwunde
des r zu thun. Flexivisches s tritt im Altfranzösischen
lautgesetzlich an den Nominativ der substantivierten
Infinitive, deren auslautendes r sich leicht an dasselbe
assimilieren konnte. Wie wir später sehen werden, waren
es gerade diese subst. Infinitive auf er und ier, welche
die heutige vokalisch endende Form zuerst annahmen.

Bei den Infinitiven mit Verbalfunktion ist im Altfranzösichen nirgends ein Verstummen des ausl. r der
Inf. I zu konstatieren.

Nur im Osten, wo die Infinitivendung folgende
Wandlungen durchgemacht hat: er > -eir > -eir > -ir > -i
ist der Schwund des r allerdings nach Uebertritt in die
vierte Konjugation wahrzunehmen. Ebenso wurde
-ier > -ieir > -ir > -i. So begegnen uns denn im Osten
Infinitive wie wairi, oy, endurci. Umgekehrte Schreibungen
von Infinitiven: assareit, rewardeit, tourneit, trouueit, von

Part. Perf: adrecieir, cesseir, donneir, osteir, parleir, prisieir, deseruir (Lothr. Ps. XXXVIII).

Die angeführten Beispiele stehen meist in antekonsonantischer Stellung, doch hat wohl auch der Umstand zum Verstummen des wahrscheinlich alveolaren r beigetragen, dass der vorangehende Vokal von einem weiten zu einem engen wurde und dadurch die Beweglichkeit der Zunge für die Hervorbringung der r-Artikulation gehemmt wurde (Sievers, Grundzüge der Phonetik. S. 14.).

Bei Deschamps[1]) aus der Champagne (Anfang des 15. Jahrhunderts), der meistens am Hofe lebte, wird das ausl. r der Inf. I noch ausgesprochen. Der Reim retarder: gastez (Soc. d. anc. text. Fr. Oeuv. compl. d'Eust. Desch. I. 105, 9—11) ist fehlerhaft. Der normann. Reim, wie man ihn ein Jahrhundert später nannte, findet sich bei ihm häufig. Desgleichen wird r noch ausgesprochen bei Villon[2]) aus Paris in der zweiten Hälfte des 15. Jahrhunderts, wie bei Pierre Gringoire (Anfang des 16. Jahrhunderts) aus der Normandie.

---

[1]) E. Deschamps hat folgende norm. Reime: tempester : mer S. 60, 6—8; encrer : mer 80, 14—16; amer : mer 80 u. 115, 4—6; ramer : mer 81,26; mer : ordonner 88,9; mer : blamer (118, 2) : clamer : doubter 118, 2; vergier : mangier 149, 1; cler : regarder 156, 22; closier : loier 150, 1; labourer : mer : aler 152, 2; mer : cler 187, 1; chier : lochier 261, 8.

[2]) Villon's norm. Reime: mer : nommer 26, mendier : hier 38, rymer : Saint Omer, cher : marcher 57, 8, torcher : cher 68, 9, cher : archer : arracher 69, cher : chercher 71, pescher : cher 76, 7. Im 16. Jahrhundert wurden diese Reime noch allgemein angewandt, so von Ronsard, Joachim du Bellay, Malherbe. Im 17. Jahrhundert waren Reime wie foyers : altiers, enfer : triompher noch erlaubt. Auch Corneille (aus Rouen!) hat ihrer noch viele. Doch werden sie schon angegriffen von Ménage und von Vaugelas, von dem letzteren mit dem Hinweis darauf, dass sie mit der Umgangssprache in Widerspruch stünden. Selbst bei Voltaire finden sich die norm. Reime noch, obwohl sie von ihm getadelt werden cf. Quicherat, traité de versification française 23.

Das gilt jedoch bei allen diesen Dichtern nur für die Pausastellung, welche durch den Reim dargestellt wird.[1]) Wir sind nun bei einer Zeit angelangt, wo die direkten Angaben der Grammatiker zumal für die Kenntnis des Konsonantismus von grossem Werte sind. Doch müssen diese mit Vorsicht aufgenommen werden. Nicht immer sprechen die Grammatiker sich einmütig über einen Fall aus. Man ist darauf angewiesen, bei ihren sich widersprechenden Meinungen nach andern Mitteln zu suchen, um zur Wahrheit zu gelangen. Und diese bieten sie meistens selbst dar.

Verstummtem r entspricht ein vorangehender geschlossener Vokal, gesprochenem ein vorangehender offener Vokal. Im 12. Jahrhundert ist e aus á geschlossen geworden. Geschlossen bleibt es, wenn es in den Auslaut tritt (stumme Konsonanten können folgen), offen aber wird es, wenn der nachfolgende Konsonant wirklich gesprochen wurde. Bei gesprochenem r hätten wir also amer mit offenem e anzusetzen. Befragen wir nun die Grammatiker über die Natur dieses e.

Die beiden Estienne unterscheiden das e in ver, fer, terre von dem e in chauffer, laver ebenso wie von dem e in bonté, mer, amer (= bonta, mar, amar). »Der Ton wird schwächer in chauffer, laver als er in fer, terre ist.« Liv. 343. Pilot (Gallicae linguae institutio p. J. Pilot 1572.) unterscheidet folgende 3 e (S. 7—9) e masculinum, e fœmininum, e gallicum. Von dem letzten, dem offenen a am nächsten stehenden Laute sagt er: In primis medijs et ultimis syllabis locum sibi vendicat:

---

[1]) Der Reim ist übrigens für den Konsonantismus nicht von der Bedeutung, wie für den Vokalismus cf. G. Paris, Vie de Saint Alexis (Bibl. de l'éc. des haut. études, Paris 1872) S. 83 u. Suchier (Oeuv. poét. de Beaumanoir): Pour le timbre des voyelles l'oreille des anciens français était tellement fine qu'elle ne pouvait supporter la moindre divergence. Pour les consonnes on était moins sévère . . .

tametsi nunquã syllabam nedum dictionem per se claudit, sed semper consonantem adiunctam habet. (S. 7—9). Leider giebt Pilot hiezu keine Beispiele. Doch kann er unter jenem Konsonanten, der immer dem e gallicum folgen muss, keinen stummen verstanden haben. Von auslautendem r sagt er (S. 12): R (canina litera vocatur a Persio) horrificum et tremulum quodammodo sonum habet: impetum eius vix ferunt aures Gallicae, potissimum in fine dictionum. Ferner (S. 13). Verum qui egregiè loqui volunt aut medioquodam sono asperitatem ipsius temperant (er hat zuvor von der damals üblichen Aussprache meze (mere), peze (pere) gesprochen, wie diese den Parisinae mulierculae eigen war), aut certè adeò leniter exqrimunt, ut vix audiantur, quod tamen in media dictione fieri non solet. Also wurden nach Pilot r am Ende noch gesprochen, wenn auch nur sehr schwach. Es war vielleicht nur noch der Ansatz zu einem r-Laute.

Von dem e ouvert scheidet Peter Ramus (Grammaire de P. de la Ramee, Paris 1587, S. 20) das e in aimé, traité und aymer, traicter. Er sagt: cest ung son entre ces deux voyelles (e fém. u. e ouvt.), in aimé ist dies dritte e lang, in aymer kurz.

Beza hat drei e: 1. e apertum (= ai) in estre, feste, terre, elle; 2. e clausum; 3. e fœmininum.

[1]) Sunt vero tres isti huius literae soni accurate dignoscendi, ne cum Aquitanis vel activa verba infiniti modi ut aimer, disner, parler, vel pluralis numeri seu nomina ut bontes, seu participia passiva, ut lasses, quae omnia per e clausum, non autem apertum efferenda sunt, unde isti duri et Francicis purgatis auribus intolerabiles rythmi a doctissimis etiam poetis Aquitanis usurpati, quibus inter se conferunt disputer et

---

[1]) Beza, de francicae ling. recta pronunciat, Genf 1584 (Berlin 1868) S. 14 f.

Jupiter, hiver et arriver, parler et parlair, lasses et acces.
Beza wünscht für den e-Laut ein dreifaches Schriftzeichen, was den Franzosen und ganz besonders den
Ausländern zugute kommen würde.[1])
Das e der Inf. I. war also nach Beza ein geschlossenes. Vor dem offenen e der Südfranzosen warnt er
energisch. Wir kommen zu dem strittigen Punkte, die Aussprache des r der Infinitive. Nach den obigen Aus-
führungen war das e der Inf. I. geschlossen geworden;
wir sollten daher Verstummen des r, zum mindesten
Schwächung der r-Artikulation erwarten. Was sagen
die Grammatiker über dieses r? Henri Estienne rügt
im Gegensatz zu seinem Vater die Aussprache il faut
parle bas, il faut disne de bonne heure, es sei dies
die Aussprache des Volkes (cf. Liv. 368 ff.). Desgleichen
Charles Maupas in seiner Grammaire et syntaxe françoise vom Jahre 1632.[2]) Henri bemerkt dann, dass sub-
stantivierte Infinitive, wie disné, souppé, schon in die
Sprache der Gebildeten gedrungen seien. Wir erinnern
uns, wie im Altfranzösischen gerade an die substantivierten Infinitive leicht flexivisches s antreten konnte,
welches dann ein frühzeitiges Verstummen des r be-
wirkte. Ein allgemeines Abwerfen des r fand daher in

---

[1]) Meigret unterscheidet ein e ouvert in mes, tes, vert, pers,
serf von einem e clos (combien cet e ouvert eyt grand affinite auecq
l'eclos) in merite, perir, mere, pere.
[2]) S. 20 R soit au milieu ou à la fin des mots veut, à mon
avis, estre prononcee clairement, mais non trop durement, sinon
qu'elle soit doublee au milieu, et lors elle rend un son fort aspre,
avec prolongation de la syllabe. (21.) Je trouue niaise, la fantasie
d'aucuns, qui affectent une lasche prononciation du bas po-
pulas, d'obmettre et supprimer du tout, toutes les r, finales, ainsi.
Vous plaisit-il veni disné avec moy, vous me ferez plaisi, au
lieu de dire. Venir, disner, plaisir, avec moderee prononciation
de l'r.

diesen Formen statt, wo die antevokalische Stellung weniger zur Geltung mehr kommen konnte, da man bald nach dem Nom. disners > disnes einen cas. obl. disne schuf. Ferner hat hier mitgewirkt, dass das Differenzierungsbestreben darauf hinausging, Infinitiv und Substantiv zu trennen. Man fuhr aber fort, beide gleich zu schreiben. Als nun beim Infinitiv die antekonsonantische Form durchzudringen anfing, ist sicher der substantiv. Inf. von einigem Einfluss auf den Infinitiv des Verbs gewesen.

Nur bei bestimmten Wendungen wie il faut alle disner chez luy (Liv. 369) will H. Estienne die r-lose Form gelten lassen. Nun kommen solche sehr häufig im Französischen vor; es werden daher auch sie ihren Teil zum Verstummen des r beigetragen haben.

Pilot spricht sich, wie wir oben gesehen, dahin aus, dass r am Schlusse des Wortes »kaum gehört wird.« Ramus schreibt die Aussprache tu veu' parle' tou' seul (Liv. 212) vor. Cauchie sagt: Omnis pene consonans qua dictio terminatur leviter admodum profertur, præter n et r, quæ suum sonum semper et ubique retinet, licet minus clare reddatur in infinitivo primi ordinis (Th. 2, 13). Diese Zeugnisse samt denen von der Natur des Inf. e bestätigen, dass das Inf. r in der ersten Hälfte des 16. Jahrhunderts im Verstummen begriffen war, dass es dann in der zweiten Hälfte des

---

[1]) Beza de franc. ling. rect. pron. S. 37. R. Haec litera sive inchoet sive finiat syllabam, nativo suo profertur. Immoquamvis sit omnium literarum asperrima ideoque apud Hebræos nunquam daghessetur, et Francicam linguam constet mollitiem pronuntiationis in primis captare, tamen quum geminatur, fortiter est efferenda, una quidem priorem syllabam finiente, altera vero sequentem inchoante ut barre, beurre, courre, errer, ferrer, fourrer, quarre, verre. Itaque cavendum est Cenomanorum, Pictonum et Lotharingorum vitium, qui duplicem ut simplicem enuntiant, quum tamen contra iidem Cenomani simplicem ut duplicem efferant, ut fairre (facere) et voirre (vere); ferner S. 79: De Q et R. hæ literæ nunquam quiescunt.

Jahrhunderts schliesslich ganz verstummt ist. Wenn nach H. Estienne, Duvivier, Saint-Liens, Beza[1]) r antekonsonantisch noch gesprochen wird, so haben sie in erster Linie immer den style soutenu im Auge, der vielfach aus der Poesie Pausaformen herübernahm.[1])

Wie ist nun der Schwund dieses r zu erklären? H. Andersson (Rec. de Mém. Philol. prés à M. G. Paris Stockholm 1889) leitet denselben aus der antevokalischen Stellung her, wo das r in der Pariser Aussprache des 16. Jahrhunderts zu z überging. Er nimmt folgende Entwickelung an (S. 7):

porter une épée $>$ porter une é$\overset{z}{p}$ée, von hier aus wurde dann die antevokalische Form auf die antekonsonantische porter mon é$\overset{z}{p}$ée übertragen. Letzter Vorgang ist an und für sich erklärlich. Es ist indess nicht ersichtlich, warum gerade die antevokalische Form verallgemeinert worden ist. Wenn zum Beispiel heute quatre z'yeux in der Umgangssprache gesagt wird, so hat hier die Analogie der beiden vorhergehenden sehr häufig gebrauchten Zahlwörter deux, trois mitgewirkt. Die Verallgemeinerung des Infinitivs jedoch in antevokalischer Stellung lässt sich in ähnlicher Weise nicht rechtfertigen.

Zunächst ist im 16. Jahrhundert der Uebergang von r $>$ z nicht minder konstatierbar wie der von z $>$ r. Zuerst berichtet davon Barcley 1521. Aus dem Jahr 1620 haben wir ein Zeugnis, wonach er nicht mehr existiert (Th. 2, 273). Schon früh im 14. Jahrhundert hat er begonnen. $\overset{r}{z} > \overset{z}{r}$ geworden in einem ziemlich breiten Zonenstrich des mittleren Frankreich, von der Rhonemündung bis nach Paris hin. Im Süden hat diese Erscheinung im 16. Jahrhundert aufgehört (cf. W. Meyer-Lübke, Grammatik d. rom. Spr. Leipzig 1890 S. 381)

---

[1]) Nach Palsgrave wird r antekonsonantisch noch gesprochen. cf. Introduction XIX. M, N, R whiche never lese theyr sounde, where so ever they be founde written.

Im Norden scheint der Uebergang etwas länger ange-
halten zu haben, stösst aber schon bei Palsgrave (1530)
auf Widerspruch. (Génin 34.) Gerade in diesem Punkte
will er, der sonst die Pariser Aussprache so sehr wür-
digt, sich ihr nicht anschliessen. Er sagt übrigens nur:
they of Parys sounde sometyme r lyke z. Ein Jahr
vor Palsgrave warnt Maistre Geofroy Tory aus Bourges vor der r-Aussprache des s. [1]) Pilot berichtet
hievon (Gall. ling. Inst. S. 12—13): Sic plerique Galli
pro r substituunt s, et huius blandiori ac suauiori sono
illius asperitatem demulcent: hoc ipsum vero ubique
faciunt Parisinae mulierculae, quae adeo sunt molles et
delicatulae, ut eam pronunciare nequeāt, sine offensione
oris: dicunt enim pro pere peze vel pese pater, pro mere
meze, vel meze mater.

Beza (De francic. ling. recta pronunciat. S. 37)
äussert sich folgendermassen: Parisienses autem ac
multo etiam magis Altissiodorenses (Auxerrois) et
mei Vezelii simplicem etiam in s vertunt, ut cousin,
Masie, pese, mese, Theodose pro courin, Marie, pere,
mere, Theodore .... Sed hoc vitium in francicae
lingua nullus mos excusat. Dubois (Liv. 20) schreibt
die Aussprache von Jeru, Masia, ma mese, mon pese,
courin hauptsächlich den Pariserinnen zu. Erasmus wie
Tory bezichtigen gleichfalls die Damenwelt dieses Feh-
lers, der sich auch einige Männer angeschlossen hät-

---

[1]) Laquelle mode de pronuncer (s pour r) est aujourdhuy en
abus tant en Bourges, dou ie suis natif, quen ceste noble Cite de
Paris, quant pour R bien suuant y est pronunce S et pour S R. Car
en lieu de dire Jesus, Maria ilz pronuncent Jerus Masia. Et en lieu
de dire au commancement du Premier liure de Eneides de Virgile.
Musa mihi cnusas memora quo numine laeso, Ilz pronuncent abusiue-
ment. Mura mihi cauras memosa quo numine laero. Je ne dis cecy
pour les blasmer, car il y en ya qui pronuncent tresbien, mais ie le
dis pour en auertir ceulx qui ne prenent garde ne plaisir a bien
pronuncer. LV. p.

ten.[1]) Nach Bovelles mussten selbst die Gebildeten sich die grösste Mühe geben, um nicht in diesen Fehler zu verfallen (ut vix quidem docti norint ab eo genere vitii abstinere Th. 2, 272). Zur phonet. Erklärung dieser Erscheinung cf. Sievers, Grundzüge 86. Wir haben zu berücksichtigen, dass r am Anfang, in der Mitte und am Ende des Wortes von verschiedener Stärke waren. Im Anlaut war das r am energischsten cf. Meigret 18, 36 Or qant a la voes de r je treuue qe le' Françoes la prononçet plus fort ao double tenant le premier lieu du Vocable, q' es aotres lieus. Ramus, Gramm. 1587 S. 35: Elle (R) est ferme au commencement, et liquide au milleu: comme en Rire, Rare, la premiere r est plus ferme, la seconde est fort amǫllie. R. Est. (Liv 367) r es commencement des mots se prononce quasi pour deux. R am Schlusse war, wie aus obigen Grammatikerzeugnissen erhellt, von der schwächsten Artikulation. Thurot 2, 270: »R am Anfang wurde ohne Zweifel guttural oder vielmehr mit dem Zäpfchen ausgesprochen, während R in der Mitte oder am Ende mit der Zunge ausgesprochen wurde.« Am Anfang und vielleicht noch in der Mitte des Wortes war r uvular, am Ende alveolar, wie der Uebergang zu z zeigt.

---

[1]) Der Einfluss der Frauen in der französischen Sprachgeschichte war kein unbedeutender. Bei $\frac{r}{z}$ zogen sie den feineren und zierlicheren Laut vor.

> Pour ce que ce seroit pecher
> La bouche sucree fascher
> De madame ou mademoiselle
> Et faut s'accommoder à elle.
> (H. Estienne, deux dial. 14.)

Auch Chiflet (Essay d'une parf. Grammaire de la lang. Franç. Anvers 1664) muss vor einer weibischen Aussprache warnen; Et il est bon de remarquer en passant, que la prononciation des femmes, en toute langue, tient de la mollesse de leur sexe, et ne doit pas seruir de loy au langage des hommes.

Mit dem Schwächerwerden der Vibration des lingualen r
r musste der Eintritt in die s-Artikulation erfolgen. E s
entstand ein unbestimmter swischen alveolaren
r und s liegender Laut, der bald in diesen bald
in jenen zurückfiel, sich schliesslich mehr aber
der s-Artikulation zuneigte. Diese setzte sich nun
auch fest hauptsächlich hinter a und offenem e, wie die
von den Grammatikern gegebenen Beispiele zeigen, cf.
Th 2, 271 compez (Bariley) mese (Erasmus), Ierus Masia,
Pazis chaize, mazy (Palsgrave), frese (Sylvius) etc. Wie
wir sehen, hat auch das mediale r an diesem Lautwandel
teilgenommen und das z hat sich hier erhalten, im
Wortauslaut aber, wo der neue Laut an geschlossenes
e antrat, konnte aus phonetischen Gründen kein tönendes
s sich mehr bilden; es entstand hier intervokalisch ein
schwach artikulierter, dem englischen th ähnlicher s Laut
(cf. Rom 12, 593) der antekonsonantisch dann beseitigt
wurde.

W. Meyer-Lübke S. 472 fasst das Gesetz für auslautendes r folgendermassen: ›R bleibt in einsilbigen,
fällt in mehrsilbigen Wörtern seit dem 13.s.‹ Einsilbige
Wörter bevorzugen die antevokalische Form deswegen,
weil bei ihnen die Sprache bestrebt ist, den Wortstamm
möglich intakt zu erhalten, welcher in antekonsonantischer Stellung sehr entstellt werden würde. (Daher
auch jene vielen romanischen Suffixe (-isco, Deminutiv-
suffixe)). Solche antevokalische Entwicklungen repräsen-
tieren Wörter wie rien, tel, trois.[1])

---

[1]) In antekonsonanter Stellung hätten wir re, teau, tre(s) erhalten.
Jam hätte zu jien (rien) werden sollen, wir haben aber ja aus ja—
mmagis bekommen. (Karsten, Altfr. Konsonantenverbindungen, Freib
Diss. 1884, S. 57.) Nicht in Betracht fallen natürlich Wörter, die unter
dem Systemzwang des Verbums stehen, wie sum. Hier wäre son zu erwarten gewesen, son wurde aber zu so nach Analogie der Endungen
aller übrigen 1. Pers. Praes.

R ist daher gesprochen worden in Wörtern wie
hier, or, char, ver, fier. Die zwei- und mehrsilbigen aber
ergriff das Lautgesetz in regelmässiger Weise. Diese
waren auch vielmehr mit dem Infinitiv des Verbums
kommensurabel. Zunächst hielten daher Schritt mit der
lautlichen Entwicklung des Infinitivauslautes die gleichfalls auf -er, -ier (aus -aris, -arius), -ir endigenden Adjek-
tiva, die, also zwei oder mehrsilbig ihr Auslauts R verstummen liessen. Ist dies nicht der Fall, so haben wir
es entweder mit der Verallgemeinerung der Feminin-
form zu thun, welche das Adverb [fem. + ment(e)] be-
günstigte, oder es liegt Einfluss der Schrift vor.

Nach dem fem. sind zu erklären amer, entier,[1]) wo
die Fem.-Form amer (e) $\underline{cons}$ (cf. ore — or, cum — cume etc.)
schon früh mit dem Masc. zusammenfiel. Dagegen ist
legier > leger > lege (r) geworden wahrscheinlich in An-
lehnung an die Verba auf -ger.[2]) Die Akademie schrieb
noch im Jahre 1762 die Aussprache leg e r vor, ein Be-
weis, wie oft noch nach Jahrhunderten die Schriftsprache
an der intakten, aber nicht lautgesetzlichen Form des
style soutenu festhielt.

R auslautend sind in der Sprache des Volkes geworden Wörter wie serf, arc, cerf, port, court, part,
bâtard, sourd, ours, jours etc. Schon Palsgrave sagt:
If a frenche worde have II consonantes folowyng his
vowel, of whiche the fyrst is m, n or r, (and the last
neyther s, x nor z), the last consonant shalbe remis-
sely sounded, and in maner left unsounded, as
plomb, blanc, sourd, sang, champ, mort, whiche shalbe

---

[1]) Entie(r) wurde noch am Anfang des 17. Jhdts. mit offenem e
gesprochen, scheint daher im 16. Jhdt. die Aussprache entier gehabt
zu haben. Thurot 2, 161.

[2]) Lege 1596 belegbar (Lanoue, Thurot 1, 56). Die Nomina
auf ger, -cher scheinen zuerst im Anschluss an die Infinitive ihr r
verloren zu haben. (Thurot 1, 56.)

sounded plom, blan, sour, san, cham, mor .. (cap XXVII.,
reg. IV.), ferner sollen corps, champs, blancs, bastardz
ausgesprochen werden wie cors, chams, blans, bastars
(reg. VI.)[1]). R hat sich dann bei diesen meist einsilbigen Nomina in der Aussprache erhalten.
Bei den Wörtern auf -eur muss r früh verstummt
sein. Coyfurelly's tractatus ortographie (Zs. f. neufr.
Spr. u. Lit. 1, 18) besagt folgendes: R autem in fine diccionis potest sonari quasi z vel r, ut j'en ay grand mal
ou cuer, j'en ay bon quer. Set dulcior est sonus
quasi z in lingua gallica quam quasi r. Tamen hec
regula non tenet in omnibus ut in hiis diccionibus quar,
querir, ferir et ferrer, in quibus et proprie debet sonari
et sic de similibus. Hauptsächlich also nach dem eu-
Laut findet dem tractatus gemäss der Übergang von
r > z statt, jene Entwicklung, welche dem Verstummen
des r vorherging. Es ist wahrscheinlich, dass auch hier
mit dem Verstummen des r [wie bei er > e(r)] ör mit
offenem ö zu ö(r) mit geschlossenem ö geworden ist.
Delamothe (1592) sagt nämlich: »œu wird wie u ausgesprochen, so leset vure (œuure) cur (cœur).« (Thurot
1, 446) und Beza wirft den Gaskognern wie den Be-
wohnern von Chartres Reime wie heure: nature vor
(Thurot 1, 445). Geschlossenes ö nähert sich wirklich
einem ü-Laute.

Das r ist hier zuerst verstummt in Wendungen wie
porteur d'eau, diseur de fables, compteur de bourdes
coupeur de bourse etc., also in antekonsonantischer
Stellung. Wir brauchen auch hier nicht mit Andersson
eine Verallgemeinerung der antevokalischen Form anzunehmen (S. 23). Viel ungezwungener und analog dem
Schwunde aller übrigen Konsonanten vor einfacher Kon-

---

[1]) Palsgrave hat hier noch die Aussprache der Pausastellung
bastars beibehalten, s war natürlich antekonsonantisch im 16. Jahrh.
verstummt (Thurot 2, 17).

sonanz lässt sich das Verstummen des $\overset{z}{r}$ von der ante-
konsonantischen Form aus erklären.[1]) Wir haben es
im Auslaut, wie wir oben gesehen, wahrscheinlich mit
lingualem r[2]) zu thun. Tritt nun in der Schnellsprech-
form ein Konsonant hinter dasselbe, so wird n u r n o c h
ein A n s a t z z u d e r r - V i b r a t i o n g e b i l d e t u n d
die A r t i k u l a t i o n d i e s e s r · A n s a t z e s f ä l l t n u n
mit der nahe liegenden Artikulation des s·
L a u t e s 'z u s a m m e n.
Man erhielt Formen wie porteu, diseu, coupeu etc.;
diese waren mit heureux kommensurabel, und wie man
zu heureux das femininum heureuse hatte, so bildete
man jetzt ein fem., w o e i n e s n ö t i g w u r d e, zu diseu —
diseuse, porteu — porteuse. Auf Wörter, zu denen die
Sprache kein fem. schuf, konnte sich die Analogie
natürlich nicht ausdehnen. Daher orateur, acteur, auteur,
censeur mit auslautendem r.[3])
Monsieur hat sein r aus andern Gründen frühzeitig
verloren. In seiner Stellung vor Namen und Titeln ist
es vielfach enklitisch gebraucht und erleidet daher auch
jene Einbusse der enklitischen Wörter. Schon am
Ende des 13. Jahrhunderts finden sich bei Margarethe
d'Oyn (Zacher, Beiträge zum Lyoner Dialekt. Bonn.

---

[1]) Auch widerspricht der Andersson'schen Hypothese der Um-
stand, dass r intervokalisch $> \overset{r}{z}$ zu wenig Spuren hinterlassen, um von
einer solch allgemeinen Ausdehnung dieses Ueberganges auch auf die
antekonsonantische Stellung sprechen zu können.

[2]) Vergl. hiezu Uebergänge wie nacre > nacle, cribre > crible,
apostle > apôtre, epistle > epître. Ein Reim wie ensemble: cambre
findet sich im Richars li biaus (Knauer 42).

[3]) Auf der Basis des Lateins hätten wir für Masc. und Fem.
folgende Formen zu erwarten gehabt: -atór < -eór, eéur > eur, im-
peratrícem > emperarrice ltgesetzl., (cf. nourrice) was nicht belegt ist.
emperatrice ist Fremdwort; am nächsten kommen noch diesem urspr.
lat. Fem. die Formen auf -eresse, wo aber von -fcia- auszugehen ist
(tristesse).

Diss. 1884) Formen wie monsu, monse, mosse. Und noch Martin 1632 erwähnt ähnliche Formen: Mousse loquendo usurpatur apud vulgum pro monsieur ante viri nomen aut cognomen. Nach dem simplex sieur hat man dann das Kompositum immer wieder hergestellt. Wir haben noch die Fälle zu betrachten, wo r hinter Konsonant in den Auslaut tritt.[2]) Teilen wir z. B. quatre amis nach den Silben ab, so erhalten wir qua—tra—mis, also antevokalisch die Form quatr, dagegen quatre chefs wurde zunächst quatrchefs gesprochen; nach altem Lautgesetz wird von drei zusammentretenden Konsonanten der mittlere ausgestossen und die antekonsonantische Form würde daher lauten quat chefs. Diese letzte Form ist nun schon im 16. Jahrhundert verallgemeinert worden. Bei R. Estienne ist (pampinus) pampre zu pampe geworden, martre zu mart. Lanoue 1596: naque ou nacre (Le dictionnaire des rimes francoises). Am Anfang des 17. Jahrhunderts lauteten quatre, notre, votre, autre > quat, not, vot, aut (cf. Thurot 2, 280). Es ist anzunehmen, dass die Verba der vierten französischen Konjugation ihr auslautendes r (b. u. c.) nach dem Muster der Nomina gleichfalls verloren hatten. Allerdings können Formen wie tord(re), mord(re) erst in der 1. Hälfte des 17. Jahrhunderts belegt werden (Thur. 2, 283).

Wie wir gesehen haben, ist das r der Infinitivendung der vierten lateinischen Konjugation schon früh verstummt. Im Lothringischen zeigten sich die ersten Spuren. Aus den Grammatikerangaben ist nicht zu ersehen, ob i in -ir offen oder geschlossen war. Solche

---

[2]) Bei der Bildung des r-Lautes können wir drei Teile unterscheiden, welche die intervokalische Stellung aufweist: a. Ansatz zur Vibration, b. die Vibration, c. Rückkehr zum Stimmton des Ansatzes. Vorher haben wir a. und b. behandelt, hier haben wir es mit b. und c. zu thun.

feinere phonetische Unterscheidungen pflegte jene Zeit
nicht zu machen. Aber Meigret hat jenes i mit dem
Zeichen der Länge versehen (fuîr, jouîr, gaodîr, ... oîr,
... puîr, punîr Thurot 2, 642), und es ist zu ver-
muten, dass er damit die Geschlossenheit der Aussprache
des i bezeichnen wollte, welche zum Verstummen des
folgenden r führte. Das Verstummen des r der Infinitive auf -ir wird indess geradezu bestätigt von einem
der zeitlich ersten Grammatiker des 16. Jahrhunderts,
von Sylvius. (Thurot 2, 161). H. Estienne konstatiert
auch einen substantivierten Infinitiv in der r losen Form
(Thurot 2, 163) plaisi.

Es drängt sich hier die Frage auf, wie es kam,
dass das r der Infinitive der II französischen Konj.
später wieder hörbar wurde, während es bei den Infinitiven der I fr. Konjug. verstummt blieb. Ich er-
kläre mir dies aus einer Art falscher Silbentrennung
des Futurs. Letzteres sah man allerdings nicht als ein
Kompositum von Infinitiv + ai (habeo) an, sondern
man fasste -r a i, das an den Stamm antritt, als Charak-
teristikum des Futurs auf. aim(e) -rai (aim-ons, vend-
ons). Dagegen trennte man bei finir, also den Inchoa-
tiven der II b Conjugation (finiss-ons, finiss-ais), das
Futur folgendermassen: finir-rai, wonach man wieder
einen Infinitiv finir bilden konnte. Bei aim(e)-rai war
eine solche Wiederherstellung des Infinitivs wegen des
Verstummens des Infinitiv E nicht mehr möglich.

Verzeichnis der benützten Bücher.

Zeitschrift für neufranzösische Sprache und Litteratur, Band 1. (Die ältesten Anleitungsschriften zur Erlernung der französischen Sprache.)

Orthographia Gallica, her, J. Stürzinger, Heilbronn 1884.

Maistre Geofroy Tory de Bourges, Champ fleury. 1529.

Palsgrave, l'eclaircissement de la langue française ed. Génin, Paris 1852.

L. Meigret, Le tretté de la grammere françoeze, her. Förster, Sammlg. fr. Neudr. 7.

Est. Dolet, La maniere de bien traduire. Lyon 1540.

J. Peletier du Mans, Dialogue de l'Ortografe et Prononciation Francoese. Poitiers 1550.

J. Perionii, dialogorum de linguae Gallicae origine, eiusque cum Graeca cognatione libri quatuor, Paris 1555.

J. Garnerius, institutio gallicae linguae, in usum iuventutis Germanicae, ad illustrissimos iuniores Principes, Landtgranios Haessiae, conscripta 1558.

Th. Beza, de Francicae linguae recta pronuntiatione Genevae 1584 (Her. Tobler, Berlin und Paris 1868).

J. Pilotus, Gallicae linguae institutio, Paris 1561.

H. Rambaud, La declaration des abus . . ., Lyon 1578.

H. Estienne, Deux dialogues du nouveau langage françois italianizé, (ed. Ristelhuber) 1578.

P. de la Ramee, Grammaire, Paris 1587.

Ch. Maupas, Bloisien, Grammaire et syntaxe francoise. Troisiéme edition. Rouen 1632.

L. Chiflet, Essay d'une parfaite Grammaire . . . Anvers 1664.

Livet, La grammaire française et les grammairiens du XVI. siecle, Paris 1859.

Thurot, de la prononciation française . . ., Paris 1883.

Lothringischer Psalter her. Apfelstedt, Heilbronn 1881.

J. Knauer, Zur altfranzösischen Lautlehre, Progr. von Leipzig 1876.

P. Kaufmann, Die Geschichte des konsonantischen Auslauts, Freib. Diss. 1886.

Recueil de mémoires philologiques près. à G. Paris par ses élèves suédois, Stockholm 1889.

Romania XII.

Ueberlieferung und Sprache der chanson du voyage de Charlemagne à Jerusalem et à Constantinople v. Koschwitz, Heilbronn 1876.

Oeuvres poét. de Beaumanoir (Soc. des anc. textes français).

www.ingramcontent.com/pod-product-compliance
Lightning Source LLC
Chambersburg PA
CBHW021608270326
41931CB00009B/1391